Für Ximet

MIX
Papier | Fördert
gute Waldnutzung
FSC® C118234

1. Auflage 2024
Die Originalausgabe erschien unter dem Titel *La platja*
Copyright © 2022 Zahori Books, Barcelona

Deutsche Ausgabe Copyright © 2024 Gerstenberg Verlag, Hildesheim
Alle Rechte vorbehalten
Übersetzung: Sophie Zeitz
Printed by GPS, Slovenia
ISBN 978-3-8369-6233-9

 Weitere schöne Bilderbücher
findest du auf unserer Homepage:
www.gerstenberg-verlag.de

Ximo Abadía

STRAND

Aus dem Katalanischen von
Sophie Zeitz

Hier am Strand gibt es Meer und Berge,

Fischerboote,

Felder,

Palmen

und Orangenbäume.

Sonne

und Möwen.

Manche Leute stehen
sehr früh auf,

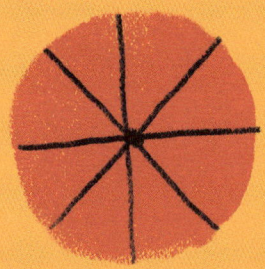

um sich den besten Platz
am Strand zu sichern.

Du kommst mit der Bahn,

dem Fahrrad oder
dem Roller hin.

Du kannst
auch hinfliegen.

Am Strand kannst du
lauter Sachen machen.

Den Großvater einbuddeln.

Große Burgen bauen.

**Mit Krokodilen
planschen,**

Beachball spielen,

Kajak fahren,

Rutschbahn rutschen

und Wellen hüpfen.

Manche machen FKK.

Da sind immer
Rettungsschwimmer,

Schatzsucherinnen,

kalte Getränke

und Eis.

Du kannst mit dem Wind spielen

und mit der Kraft des Meeres.

Am Strand langweilt sich keiner.

Wasserski fahren

und paddeln.

Oder tauchen.

Bevor du schlafen gehst,

kannst du dem Sonnenuntergang
zuschauen.

Und Sterne zählen.